Het afzien van 2015

Van dezelfde auteurs:

Fokke & Sukke hebben altijd wat
Fokke & Sukke zien het echt niet
Fokke & Sukke weten wel beter
Fokke & Sukke zijn weer thuis
Fokke & Sukke maken zich kwaad
Fokke & Sukke komen er niet uit
Fokke & Sukke hebben geen idee
Fokke & Sukke gaan maar door
Fokke & Sukke lachen zich gek

Het afzien van 2000
t/m
Het afzien van 2014

Fokke & Sukke aan het werk
Fokke & Sukke aan de balie
Fokke & Sukke aan de studie
Fokke & Sukke aan de kinderen
Fokke & Sukke aan de dunne
Fokke & Sukke aan het infuus

De historische canon van Fokke & Sukke
De bètacanon van Fokke & Sukke

Fokke and Sukke (Engelse editie)
Fakko & Cakko (Russische editie)
Feri & Sanyi (Hongaarse editie)

Fokke & Sukke Scheurkalender 2007
t/m
Fokke & Sukke Scheurkalender 2016

Fokke & Sukke kookboek

webshop.foksuk.nl

Twitter: @fokkesukke
www.facebook.com/fokkesukkefanclub

Reid, Geleijnse & Van Tol

Het afzien van 2015

Uitgeverij Catullus, Soest

Deze Fokke & Sukke-cartoons verschenen eerder in
NRC Handelsblad, NRC Next, Rendement
en diverse andere media.

© 2015 by Reid, Geleijnse & Van Tol
Eerste druk: november 2015
Druk: Ten Brink, Meppel
ISBN 9789078753940
www.foksuk.nl
www.catullus.nl

Een nieuw jaar, een nieuwe zwartepietendiscussie

Steeds meer hipsters in straatbeeld

Bonuswet bankiers uitgesteld

Tijdcapsule uit 1795 geopend in Boston

6

Terreuraanslag op redactie *Charlie Hebdo*

Cartoonisten van slag

Cartoonisten nemen hun wapens op

Nieuw in de lijst gevaarlijke beroepen: politiek tekenaar

Uitgaven aan restaurants gestegen

Kranten publiceren massaal cartoons over aanslag

FOKKE & SUKKE
WILLEN OOK EEN VRIENDIN

Wereldwijd protest aanslag *Charlie Hebdo*; boer Tom enorm populair bij BZV

FOKKE & SUKKE
ZIJN OP ZICH DOL OP SATIRE

ALS ZE ER NOU
EEN IPAD BIJ
HADDEN GEDAAN

...HADDEN WE WEL
EEN ABONNEMENT
OP CHARLIE HEBDO
GENOMEN

Aantal abonnees van *Charlie Hebdo* gestegen naar 200.000

Nieuwste editie *Charlie Hebdo* ook in Nederland te koop

PvdA-congres accepteert inperking vrije artsenkeuze

Het verschil in vermogen tussen rijkste 1 procent en de rest weer toegenomen

Paus Franciscus: 'Voortplanten als konijnen hoeft niet'

Terreurdreiging na *Charlie Hebdo* in Frankrijk: vijf Tsjetsjenen gearresteerd

Wat te doen met teruggekeerde Nederlandse Syriëgangers?

Amsterdam betaalt teveel gemeentebelasting terug; ECB start opkoop staatsleningen

Baard Toetanchamon losgeraakt en snel weer vastgelijmd

Demonstranten bij première Michiel de Ruyter

Faillissement dreigt voor V&D

Waar is die VOC-mentaliteit gebleven?

Man met pistool dringt NOS binnen en verklaart gesteund te worden door hackers

NOS-gebouw ontruimd; zenders op zwart

Griepepidemie 2015 duurt voort

Coen en Sander Show verhuist naar Radio 538

Principe-akkoord over redding V&D

Chaos bij uitbetalingen Sociale Verzekeringsbank; Griekenland krijgt miljardensteun

Uitspraken Minister Opstelten in de media wekken verbazing

NRC overgenomen door Belgisch Mediahuis

Kamervragen over extra maatregelen tegen terreur

Zwaardere aardbevingen in Groningen door gaswinning

Groningers hebben het gevoel dat overheid hen in de kou laat staan

Verfilming 'Fifty Shades of Grey' in première

Rechtszaak tegen Dominique Strauss-Kahn van start

Medicijnfabrikant claimt belangrijke ontdekking in strijd tegen alzheimer

Grieken vragen om nieuw steunpakket bij noodfonds

Koning opent expositie *Late Rembrandt* in Rijksmuseum

'Superfoods zijn culinaire kwakzalverij'

RVD weert *De Telegraaf* bij fotosessie Oranjes

Politie arresteert 46 studenten bij ontruiming Bungehuis

Studenten bezetten Maagdenhuis

VVD'er vast in witwas- en henneponderzoek

VVD'er Verheijen verlaat Tweede Kamer wegens integriteitskwestie

Studenten geven stakingen niet op

Opnieuw hardloper gewond na aanval terror-oehoe

Boekenbal 2015

Boekenweek 2015 van start

Bewindslieden Opstelten en Teeven treden af

Apple Watch de nieuwe hit?

Teevendeal oorzaak aftreden minister Opstelten

Wolf terug in Nederland

Afscheidsspeech Teeven valt niet overal in goede aarde

Provinciale Staten- en Waterschapsverkiezingen 2015

Minister Schippers: 'Geheimzinnige krachten bron voor opspraak VVD'

Provinciale Statenverkiezingen 2015: weten mensen waarvoor ze stemmen?

Opkomst Provinciale Statenverkiezingen 49 procent

Glurende hockeytrainer betrapt in Wassenaar

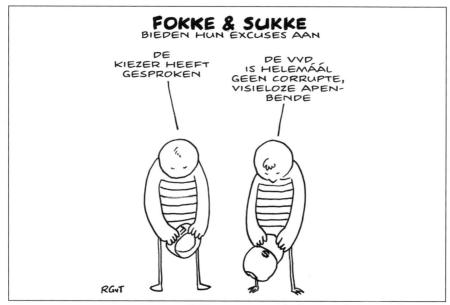

VVD grootste partij bij Provinciale Statenverkiezingen

De grootste zonsverduistering van het decennium

CPB: herstel Nederlandse economie zet door

Verzet tegen Transatlantisch handelsverdrag TTIP neemt toe

Belastende verklaringen zussen Holleeder

Bonden zien terugkeer graaicultuur

VO-raad voorzitter Rosenmöller: 'Diploma op maat beter voor scholier'

Pasen in aantocht

Top ABN Amro ziet af van loonsverhoging

ABN Amro: communicatie over bonus en beursgang niet helder

Oeroude Paastradities krijgen nieuw leven

TTIP: komt de chloorkip naar Nederland?

Chloorkip? Niks mis met bacteriedodend bad

Kamer overlegt over aanpak uitbuiting Roma-kinderen

Jonge gezinnen kampen met stress en werkdruk

Hillary Clinton stelt zich kandidaat voor presidentschap

Een-op-eengesprek Obama en Castro in Panama

DNB-topvrouw blijkt sm-meesteres

Coalitiepartijen onderhandelen lang over opvang uitgeprocedeerde asielzoekers

Wat is de werkelijke opbrengst van zonnepanelen?

UvA-collegevoorzitter Louise Gunning dient ontslag in

Bram Moszkowicz wordt de lijsttrekker van Voor Nederland

Tweede Kamer steunt verbod op wilde dieren in circussen

Prakken d'Oliveira start kort geding tegen staat

Akkoord coalitie: sobere opvang in vijf grote steden en Ter Apel

Deelnemers aan mediation in strafzaken overwegend positief

Streefcijfer 30 procent vrouwen aan de top nog lang niet gehaald

Ruud de Wild weg bij Radio 538

Moet statiegeld verdwijnen?

Bevrijdingsdag 2015

'Robotisering' biedt kansen voor Nederland

Staatssecretaris Mansveld wil taxiregels verder versoepelen

'Fuck de koning'-roeper vervolgd

Zelfrijdende auto Google kan de weg op

Examens van start

Trijntje Oosterhuis bij repetitie in zwarte jurk met naveldiep decolleté

Renault verbetert motor Verstappen

Parlementaire enquêtecommissie Fyra

Omzet van kledingwinkels bereikt nieuw dieptepunt

Trijntje Oosterhuis haalt de finale van het Eurovisie Songfestival niet

Fyra-enquête: NS hielden bewust informatie achter

Belastingdienst moet bezuinigen

Dodelijke aardbeving na naakt poseren op vulkaan in Maleisië

Fyra-enquête: spannende televisie

Bretels NS-commissaris Timmer: geen doodshoofden, maar smileys

Zeven FIFA-functionarissen opgepakt bij politie-inval in Zürich

Sepp Blatter onder vuur

Examentijd afgelopen

Landelijke campagne gestart tegen pesten op het werk

Hoe crimineel zijn motorclubs?

Sepp Blatter stapt op bij Fifa onder druk van Amerikaans onderzoek

Voorzitter VNO: 'bijstaandstrekkers zijn labbekakken'; Urgenda wint klimaatzaak

Nederland debuteert succesvol op WK vrouwenvoetbal

Bloedige liquidatie bij schoolplein in Zaandam

Drs. P overleden

Voetbalsters leveren knap gelijkspel tegen Canada

Ramadan 2015

ECB draait geldkraan Griekse banken dicht

Apple Music bindt in na protest Taylor Swift

Mogelijke fusie AH en Delhaize

Drijvend stadion op Hofvijver voor WK beachvolleybal

Tsipras presenteert 'definitieve oplossing' aan leiders EU

Griekenland krijgt referendum, maar hoe nu verder?

Griekenland wacht financiële achtbaan

Achtste hittegolf van deze eeuw in Nederland

Bejaarden kunnen bij hitte het beste binnen blijven

Tour de France start in Utrecht

Grieken zeggen 'nee' tegen Europees reddingsplan

Dreigende *Grexit* slecht voor waarde villa Willem-Alexander

Europees parlement stemt in met voortgang TTIP

Verhofstadt kent zijn klassiekers niet

Hipstermoeheid doet zijn intrede

Hugo Boss stopt met bont

Verlofregelingen voor werkende mantelzorgers veranderd

Kitesurfers gebruiken storm voor recordpoging

Gevaarlijke zeevonk langs kust; Amerikaanse tandarts doodde leeuw Cecil

Bouwkranen Alphen aan den Rijn vallen om

CBS: aantal weidevogels neemt gestaag af

Politie in actie voor betere arbeidsvoorwaarden

Publieksdag Textiel 2015 groot succes

Yolanthe is zwanger

Nederlands voetbalelftal heeft het moeilijk in kwalificatie EK 2016

Lowlands 2015

Jubilerend *Propria Cures* traditiegetrouw op Lowlands Festival

Boyband *One Direction* tijdelijk uit elkaar

Aanslag in Thalys verijdeld

42.500 eerstejaars beginnen aan een universitaire studie

Staatssecretaris Dekker presenteert nieuwe Mediawet

Afluisterbevoegdheden inlichtingendiensten AIVD en MIVD vergroot

Zomer voorbij: zwartepietendiscussie begonnen

Opening Academisch Jaar

Rechters ontevreden over voorgenomen bezuinigingen rechtbanken

EK 2016 kwalificatie: Nederland - IJsland

Amsterdam overspoeld door toeristen

Europees Parlement opent aanval op glazen plafond

'Een asielzoeker in huis nemen doe je niet zomaar'

Nederlands Elftal uitgeschakeld voor EK 2016

'Superhenge' stelt Stonehenge in de schaduw

Apple meldt recordverkoop iPhone 6s en iPhone 6s Plus

Asielcrisis: burgerinitiatieven schieten uit de grond

Veel spontane hulp aan vluchtelingen in Nederland

Weinig interesse in reeds gelekte miljoenennota

Troonrede deels uitgelekt

Verschillende Europese landen voeren grenscontroles in

Tussen Kunst en Kitsch de mist in met kunstwerk Appel

Medewerkers Nedtrain jarenlang blootgesteld aan chroom-6

Geert Wilders: 'Dit is een nepparlement'

Johan Derksen ontslagen bij WPG Uitgevers

Nederland en Frankrijk botsen over verkoop twee Rembrandts

Binnenhof vanaf 2020 5,5 jaar dicht voor verbouwing van 600 miljoen

Opzet: justitie drong aan op eerste foto Van der G.

11 miljoen Volkswagens bevatten sjoemelsoftware

'China pakt uitstoot broeikasgassen aan'

Supermaansverduistering 2015 niet overal te zien

Bestuurscultuur Bloemendaal ter discussie

Tekort van 475 miljoen op toekomstige projecten ProRail

Korpschef Nationale Politie Bouman stapt op

Adviseurs zien nog mogelijkheden voor ProRail

Roep om dichtgooien grenzen steeds luider

Dierendag 2015

Ook 'groene' koelkasten voorzien van sjoemelsoftware

Hebben hipsters hun langste tijd gehad?

Kinderboekenweek 2015

Nuance ver te zoeken in maatschappelijk debat

Verontwaardiging over fors beloonde tafelgasten DWDD

De Wereld Draait Door bestaat 10 jaar

Mol van onderwereld in hart politie

ANWB: ruim 70 procent van de Nederlandse automobilisten is onzeker op de weg

Twitter is er vol van: K3 stopt

Bill Cosby zeven uur lang verhoord in misbruikzaak

Zijlstra: 'Stoppen met borstvergrotingen voor vluchtelingen!'

Jihadganger Mohammed G. opnieuw opgepakt

Onderzoeksraad voor Veiligheid presenteert eindrapport MH17-ramp

Rapport: MH17 neergeschoten door Boek-raket

Raadsleden Rijswijk bedreigd vanwege komst asielzoekerscentrum

Duitse rechter vindt Nederlands asiel mensonwaardig

Yolanthe bevallen van zoon; Sabia, zwanger of niet?

100 euro boodschappen per dag nodig voor bestekset AH

21 oktober 2015: Back to the Future Day

VVD: 'grenzen aan de opvang'

Windows XP nog altijd in gebruik op 12 procent pc's

Vertegenwoordigt Wilders 'het volk'...

.... of lijdt hij aan 'grootheidswaanzin'?

Bedrijven overwegen aanpassing uiterlijk Zwarte Piet

Koningin Máxima onderbreekt staatsbezoek China wegens ziekte

Mansveld treedt af om kritiek in Fyra-rapport

Fractievoorzitters in open brief: 'Stop bedreigingen en intimidatie'

Halloween 2015

Plagiaat van stagiair Volkskrant; Moszkowicz (VNL) doet aangifte tegen kabinet

Marechaussee: 'Mensensmokkel winstgevender dan drugshandel'

Agent uit Almelo verdacht van lekken vertrouwelijke informatie

Integriteit kwaliteitsmedia in het geding

Zwartepietendiscussie dwingt mensen tot keuzes

Kerst 2015

Trend: weer echte kaarsjes in echte bomen

Oud en nieuw 2015

Gelukkig nieuwsjaar gewenst!